AF587017

LE DOMINE SALVUM FAC REGEM,

OU

COUP-D'ŒIL RAPIDE, POLITIQUE ET MORAL DES PRINCIPAUX ÉVÈNEMENS QUI ONT EU LIEU DEPUIS LA PROSCRIPTION DE CE CHANT RELIGIEUX ET NATIONAL, JUSQU'AU RETOUR DE LOUIS LE DÉSIRÉ EN FRANCE.

PAR UN PATRIOTE.

GRENOBLE;
Chez BARATIER frères, Imprimeurs-Libraires, Grande Rue.

1814.

AVANT-PROPOS.

Oui, Messieurs, PAR UN PATRIOTE. Il est bien tems que tout rentre dans l'ordre. Consultez les pères de notre langue : le Patriote est celui *qui aime sa patrie, et qui cherche à lui être utile.* Malheureuse, je la portais dans mon cœur, je souffrais de ses souffrances, je pleurais sur ses blessures. Heureuse, je vais jouir de son bonheur, et sa prospérité fera ma joie. *Je l'aime*, je suis donc PATRIOTE.

Éclairer une jeunesse ignorante ou séduite par de fausses illusions, en entr'ouvrant à ses regards l'abîme où nous précipitait l'absence de tout Gouvernement sous l'anarchie républicaine, ou sous le despotisme de Buonaparte; en la conduisant, pour ainsi dire, au travers des écueils et au milieu des débris de nos naufrages; en lui faisant passer, *comme de la main à la main*, nos souvenirs, pour y lier nos espérances; rallier tous les Français, par l'amour et la reconnaissance, autour d'un Trône paternel, en les ramenant aux vrais principes de la liberté civile sous une monarchie tempérée et tutélaire, seule forme d'administration publique qui convienne à la France, tel est le but que je me suis proposé dans cet *exposé rapide, politique et moral* des principaux évènemens qui s'y sont passés depuis un quart de siècle. Si je ne l'ai pas atteint, du moins je l'ai tenté. J'ai *cherché à être utile à ma patrie*. Mon titre est pleinement justifié. Je suis Patriote.

Trop long-temps ce titre sublime fut usurpé par une classe d'hommes pervers ou égarés; trop long-temps il couvrit tous les genres d'excès et de délire. Qu'il soit enfin restitué aux vertus nationales. Bons Français! revendiquons-le pour toujours; rendons-lui son premier éclat par notre dévoûment au bien public, et par nos sentimens pour un Monarque qui n'a besoin que de ses vertus pour s'assurer de notre amour, de nos respects et de notre obéissance. Soyons tous Patriotes.

LE DOMINE SALVUM FAC REGEM.

A MON ROI, A MES CONCITOYENS, A L'ARMÉE.

Concordiâ parvæ res crescunt,
Discordiâ maximæ dilabuntur.
Sallust. in Jugurthâ.

SUBLIME élan des cœurs vraiment français! chant consacré par l'amour que nos pères portaient à leurs Rois, et auquel, par respect pour la majesté du trône, ils voulurent donner les sons graves et solennels de l'harmonie religieuse! tu reviens donc enfin, après une longue proscription prononcée contre toi par le délire des passions, faire retentir, comme autrefois, les voûtes sacrées du temple des chrétiens! .... Quelle douce émotion tu as porté jusqu'au fond de mon ame! Larmes de la première joie, qu'en ma qualité de citoyen, j'éprouve depuis ma jeunesse, coulez silencieusement de mes yeux! Vous avez votre source dans les sentimens les plus purs et les plus nobles, dans les souvenirs les plus touchans. Doux frémissemens de mon cœur, précipitez-en les battemens! ils sont tous pour mon Roi et le bonheur de la France.

Fils de Henri, je te salue! salut à la paix si long-temps exilée avec toi de cette terre infortunée! salut à l'ancienne majesté des Rois qu'adoucit la bonté! Louis, déjà ta présence auguste répand sur nos plaies un beaume salutaire et tranquille; déjà moi-même je respire plus librement à ton ombre tutélaire. Mon ame depuis vingt ans glacée d'effroi à la vue des convulsions déchirantes d'une insensée démagogie, et de la tyrannie la plus odieuse, se réchauffe aux doux rayons de l'amour et de l'espérance; ils dilatent ce cœur si long-temps comprimé par la terreur.

O mon Roi! mes ancêtres vécurent heureux sous tes ancêtres, et les souvenirs de ma jeunesse sont encore pleins de sa félicité sous l'empire fortuné des lis. Ce bel âge de la vie n'était point alors, comme depuis, la saison des orages et du malheur. . . . Mœurs antiques qui environnâtes mon berceau, plaisirs innocens de l'enfance, éducation libérale, tendres liens de la nature, doux rapports de l'amitié, fêtes simples et joyeuses de famille, profond respect pour la vieillesse, modération des désirs, frugalité, bonne foi, sécurité, qu'êtes-vous devenus? Hélas! la tombe du plus vertueux des Monarques s'est fermée sur vous, et tous les désordres, tous les vices, tous les crimes, sortis en foule du cratère ouvert par un philosophisme révolutionnaire, ont inondé ma patrie. . . . .

Il luit enfin ce jour à jamais mémorable qui va nous rendre à la foi de nos pères, à notre Roi, à nous-mêmes; ce jour brillant qui va dissiper les tempêtes politiques qui tourmentent depuis tant d'années le vaisseau de l'état, et mettre un terme aux violentes agitations, aux cruelles angoisses d'une nuit sombre qui ne fut éclairée que par les sillonnemens de la foudre; ce jour calme et serein qui doit nous voir surgir au port et nous donner une patrie. . . . . Imprudens passagers! vous reconnaissez donc, après une longue et fatale expérience, que vos audacieuses théories sur la direction de la manœuvre, n'ont fait que l'égarer, et que le sage pilote que vous aviez éloigné du timon, peut seul le gouverner et vous sauver.

Français ! tombez tous aux pieds de Louis. Il est votre Roi ; il est votre Père. Ne lui dérobez pas vos regrets, ne lui cachez pas même vos remords.... D'avance tout est pardonné, tout est oublié. Environnez-le de vos respects, de votre amour. Ah ! c'est sur-tout ce dernier sentiment que son cœur généreux réclame comme la portion la plus précieuse de l'héritage de ses aïeux.

L'amour ! .... Un despote farouche reconnut, mais trop tard, qu'il est le fondement le plus solide du Trône, et du bonheur des États. Trop tard il proclama *qu'il avait besoin de la présence et de l'affection de ses peuples....* Tyran, mille fois plus sanguinaire que le sanguinaire Caligula ! du moins en désirant que le peuple romain n'eût qu'une tête pour l'abattre d'un seul coup, il n'eut été cruel qu'une fois. Et toi, tu aurais voulu, dans ton atroce fureur contre le genre humain, multiplier sans cesse les peuples, pour te donner sans cesse l'affreux plaisir de les égorger ; les faire renaître de leurs cendres, les voir revivre sur le vaste champ de tes carnages, pour les égorger encore ?..... Toujours abreuvé de sang et toujours altéré ; toujours altéré, toujours abreuvé de sang, et jamais satisfait, à toi l'amour de tes sujets !... Va le demander à ces nombreuses victimes sur lesquelles, aux arènes de Toulon, la rage proconsulaire fit les premiers essais de ta férocité naturelle ; à ces hommes, à ces femmes, à ces enfans que tu foudroyas pêle-mêle dans la Capitale, au 13 vendémiaire, pour rassurer la puissance ébranlée de nos ORGUEILLEUX PENTARQUES.

Traverse les mers et va le demander, cet amour, à ces malheureux soldats que la contagion avait atteint sous les climats brûlans de l'Asie, et qui, languissamment étendus dans les ruines de *Jaffa*, reçurent la mort PAR HUMANITÉ au moment même où tu venais de leur prodiguer des consolations perfides !....

Infâme violateur de la foi jurée, je m'attache à toi comme le remord à la conscience du coupable. Reviens sur le sol Européen, non pour remplir ta promesse de rétablir dans ses droits l'auguste dynastie de tes Rois ; (comme-tu jamaisla sainteté des sermens)? mais pour lui présenter les nouveaux exploits de ta haine homicide. Rentre dans la patrie qui t'adopta, et, comme le parricide Néron, viens déchirer son sein, pour y étouffer tous les germes de la vie, de la puissance et de la force d'un grand peuple. Ingrat! était-ce donc à toi de la punir de l'erreur de ses bienfaits?...

A toi l'amour de tes sujets!... Va le demander à ces vieillards isolés et sans appui, que tu as réduits à survivre à leur nombreuse postérité; à ces veuves solitaires à la fleur de leur âge, qui te redemandent en vain leurs jeunes époux; à ces milliers d'orphelins abandonnés, dont tu as compromis l'existence en leur arrachant les bras paternels et laborieux qui pourvoyaient à leurs besoins; à cette foule innombrable de jeunes vierges condamnées, par tes édits de mort, à un célibat forcé; à toute la nature outragée....

Va le réclamer, cet amour, aux bords ensanglantés du Danube, de l'Elbe, de la Saale, du Pleiss, du Boristhène, de la Bérésina, de la Moskwa, du Tage, du Minho, de l'Ebre, du Mincio; à la solitude des déserts que tu as faits; aux vastes catacombes que ton insatiable ambition a fermé sur plusieurs générations ; aux bûchers ardens qui consumèrent dans les champs du Scythe et du Sarmate, les restes mortels de nos phalanges guerrières, victimes de tes gigantesques projets. Partout la misère des peuples, la ruine des états, avant toi si florissants, le silence terrible de la mort, ... te répondirent de l'amour qu'on te doit. A toi l'amour de tes sujets ! Le despote oppresseur de la patrie en eut-il jamais, des sujets ?... de vils esclaves et .... la haine des citoyens vertueux.

Détournons un moment, et bientôt pour toujours, nos regards effrayés du spectacle fatigant de la tyrannie, pour les reposer à la douce clarté de l'aurore de la paix et de la liberté. FRANÇAIS ! un FRANÇAIS est [illegible] Le sang de la grande famille coule dans ses veines. Les vertus nationales, encore embellies par le touchant attrait d'une longue infortune, remontent enfin sur ce Trône que leur d[illegible]rent la justice et la reconnaissance de [illegible] aïeux. Elles viennent vous faire oublier les maux que vous avez soufferts. Vous y [illegible] trouverez cette [illegible] qui va [illegible] [illegible] de l'auguste dynastie des B[illegible]...

et à ses illustres descendans, le glorieux surnom de branche *Capétienne* (1); cette amabilité qui fit adorer de leurs sujets les Robert et les Charles VI; cette piété éclairée qui plaça Louis IX au Panthéon des chrétiens; cette franchise d'un Jean le Bon, qui lui faisait dire que « *si la bonne foi et la vérité étaient* » *bannies de tout le reste de la terre, elles* » *devaient se retrouver dans le cœur et dans* » *la bouche des Rois:* » cette sagesse, cette éloquence, cet amour de l'ordre et de l'économie d'un Charles V, qui n'estimait que *la louange des gens de bien;* cette justice, cette bonté d'un Louis XII, qui lui méritèrent un titre au-dessus de tous les titres, *celui de père du peuple et du soldat;* cette aimable courtoisie d'un François I.er et ce goût des belles-lettres, qui l'en fit déclarer le protecteur; *cette modération et cette clémence* DU BON HENRI, dans la prospérité, après avoir montré tant de *fermeté* et de *grandeur* d'ame dans les épreuves de l'adversité; vous y trouverez cette valeur héroïque et cette vaste intelli-

(1) Hugues, fils de Hugues le Grand, duc de France et de Bourgogne, comte de Paris et d'Orléans, fut surnommé Capet, à cause de sa prudence.

gence d'un Louis le Grand, qui, lorsqu'il le faudra, saura maintenir la gloire de nos armes, que ne flétrira plus l'injustice des motifs; vous y trouverez enfin toutes les vertus de ce Roi, victime de nos égaremens, qui lui ont mérité de la part même, non de ses ennemis personnels, (pouvait-il en avoir?) mais de celle des ennemis de la monarchie, d'être appelé *le plus honnête-homme de son royaume.*

O France, réjouis-toi! les jours de ta véritable grandeur et de ta prospérité renaissent avec la réflorescence des lis. Célèbre par des chants de joie et d'amour, le retour de tes Princes, de tes pères. Qu'une fête nationale en signale chaque année, et à jamais, ta reconnaissance envers ce Dieu dont la miséricorde a calmé la justice, et qui a eu pitié de tes longues et inénarrables souffrances. Que chaque famille, dont cette époque fortunée tarit les malheurs, en l'affranchissant du joug d'un barbare qui menaçait d'arrêter la vie à sa source, perpétue dans son sein son heureuse délivrance, et que la postérité la plus reculée apprenne la grandeur du bienfait, par la grandeur des moyens employés à le reconnaître.

Mais au milieu des transports d'alégresse qui, de toute part, m'environnent, et que moi-même j'éprouve avec un sentiment si profond, quel voile funèbre vient encore rembrunir l'éclat d'un si beau jour! O MON ROI! lorsque tu reparais sur ta terre natale comme un astre bienfaisant qui nous éclaire, nous ranime et répand partout la vie, la joie et le bonheur, pourquoi des regrets viennent-ils se placer sur mon cœur? Ah! lorsque le Ciel m'enleva successivement mes jeunes fils, la nature souffrante se consolait du moins sur leurs tombeaux, de les voir échappés aux lois sanglantes DE TIBÈRE. Devais-je penser qu'un jour la douleur que me causa leur perte, viendrait s'accroître de celle de ne pouvoir t'offrir l'hommage de leur amour et de leur dévoûment? Désespérant de voir jamais cette révolution mémorable qui te ramène parmi TES FRANÇAIS, je préparais dans le silence des passions et l'heureuse obscurité de la vie privée, aux nobles rejetons de St-Louis et de Henri IV, des sujets fidèles et libres pour des Rois qui ne fussent pas esclaves; des serviteurs dévoués par affection et par devoir à leur Prince et à la patrie.

Jeunes Français! vous dont le berceau reposa doucement à l'ombre tutélaire de l'arbre royal, mais dont l'adolescence, agitée par la tourmente révolutionnaire, en reçut la dangereuse influence; vous aussi qui, nés sur les tristes lambeaux de l'anarchie, avez accoutumé de bonne heure vos organes flexibles à l'air suffocant qu'on respire sous la tyrannie; Républicains ou Partisans du Despote, vous tous qui souriez peut-être dédaigneusement de nos souvenirs et de nos regrets, et ne les regardez que comme le délire ordinaire des vieillards, c'est un homme encore dans la force de l'âge, et dont les années furent partagées entre le règne des lis et les époques malheureuses qui lui ont succédé, qui vous parle par la voix d'un père sur la tombe des fils qu'il a perdus; d'un citoyen constamment étranger à toutes les factions qui, tour à tour, désolèrent notre belle France, et qui n'a vu le retour de son bonheur et de sa prospérité que dans celui de son Roi. Écoutez.

Vous d'abord, dont un faux enthousiasme d'une liberté mal conçue égara l'institution et ne vous inocula que des principes dangereux à l'ordre social, élevez-vous un instant avec moi par la pensée, au-dessus de cet état qui vous présente en perspective le plus beau, le meilleur, le plus libéral des Gouvernemens. Mais plutôt.. ouvrons ensemble les annales récentes *de la France République*, et voyons si les grandes idées qu'on vous a données de la nature de ce Gouvernement se sont réalisées. DÉCEVANTE ESPÉRANCE!... à chaque page sont consignés pour l'instruction éternelle des peuples, des erreurs, des crimes, des malheurs..... LA GRANDE NATION a secoué le joug d'un heureuse dépendance qu'elle appelait une honteuse servitude. Elle a PROCLAMÉ LA LIBERTÉ sur le tombeau du dernier de ses Rois.... Mais *quelle liberté*, grand Dieu! que celle où l'usage même de la propriété la plus sacrée et la plus inviolable, celle *de la pensée négative*, toute entière renfermée dans son sanctuaire, couvrit la France d'échaffauds, et partagea ses citoyens en deux classes, BOURREAUX ET VICTIMES!... *Quelle liberté*, grand Dieu! que celle qui, étouffant tous les sentimens généreux de la nature et de l'amitié, faisait méconnaître le père, le fils, le frère, l'ami, dans celui qui ne criait pas LIBERTÉ OU LA MORT, et où LA MORT *dévorait ceux qui ne criaient pas* LIBERTÉ.....

Dans

Dans un conflit continuel, les esprits ont perdu leur véritable point d'appui et de ralliement. Le désordre croît, s'étend, se perpétue et détruit tout. L'agitation incertaine de cette multitude de chefs qui sont au gouvernail et s'y succèdent rapidement, parcourt tous les extrêmes dans tout ce qui a rapport à la politique, à la législation, à la liberté civile, et, toujours mobile, elle ne sait se fixer à rien. On renverse ce qu'on a formé, on rétablit ce qu'on avait renversé. L'esprit public chancelle, tombe et s'anéantit, sans pouvoir retrouver dans les évènemens aucun moyen de le faire revivre. Les factions, comme les flots de l'Océan soulevé par les tempêtes, se croisent, se heurtent, se poussent, s'élèvent, se précipitent les unes sur les autres et...... s'engloutissent.

Jeune homme imbu de folles maximes sur l'essence de la liberté, approche et contemple cette mer pleine d'écueils où sont venus échouer la civilisation, l'ordre et la morale d'une nation qui, à force de vouloir être libre, cessa tout-à-fait de l'être. Autour de toi, vois encore flotter mille débris, restes malheureux de mille naufrages. Médites sur ces expériences, tristement laborieuses, que la

France a faites, au lieu de profiter sagement de celles de tant de peuples qui l'avaient dévancée dans la même carrière, et dont les ruines éparses semblaient n'avoir survécu aux tems que pour l'avertir qu'ils furent les victimes de la corruption des mœurs et de leurs égaremens sur les principes de la vraie liberté. N'oublie jamais que ce fût là aussi la double source de nos discordes civiles et de tous nos maux. Cesse donc de te laisser entraîner plus long-tems au torrent des vains systèmes; bientôt tu serais un factieux, et l'esprit de faction ne tend qu'à détruire l'empire que les nations doivent se conserver par la prudence.

Apprends que la liberté civile n'est pas la faculté de faire tout ce que la sauvage indépendance de la liberté naturelle peut vouloir, puisqu'elle cesserait d'exister dès que chacun aurait ce même pouvoir, et qu'il n'y aurait plus alors d'autre droit que celui de la force. Qu'elle est la liberté naturelle elle-même, mais modifiée par les lois, limitée et dépouillée pour le repos de la société, de cette partie qui faisait l'indépendance absolue des particuliers.

Que loin que l'obéissance aux lois et la soumission au prince soient incompatibles avec la vraie liberté, elles en sont au contraire le plus fort rempart, en assurant à chaque citoyen l'exercice de la propriété personnelle et l'usage de la propriété réelle contre la force et l'usurpation.

Que sous une monarchie tempérée, seulement, nous pouvons acquérir cette tranquillité d'esprit qui provient de l'opinion que chacun a de la paisible jouissance de ses droits naturels, fondée sur l'intérêt même du modérateur à ne pas abuser de sa puissance.

Que de l'oubli de ces principes invariables de la vraie liberté, naissent le désordre et la décomposition du corps social. Quelles leçons! quelles preuves!.......

Pour vous qui, étourdis dès les premières années de votre jeunesse par le bruit de la gloire, n'avez encore pû entendre celui des chaînes pesantes sous lesquelles le despotisme le plus dur faisait gémir la patrie; les préjugés d'une éducation *forcée* auraient-ils tellement fasciné vos esprits, que les idées merveilleuses que vous vous êtes faites de la grandeur et de l'héroïsme, laisseraient peu d'espoir de vous ramener aux véritables élémens du bonheur et de la prospérité des nations?

Que vos jeunes cœurs ayent mille fois tressailli au récit de nos victoires, à la vue de leurs nombreux trophées; que le talisman magique des décorations, des honneurs et des récompenses, distribués à la valeur, ait enflammé votre ardeur naissante; je le conçois, vous êtes FRANÇAIS. Mais avez-vous jamais réfléchi à ce que ces signes honorables du courage, ces trophées, ces victoires, ont coûté de sang et de larmes à la patrie? A l'Etat d'épuisement et de décrépitude où ils l'ont réduite? Avez-vous, seulement une fois, médité sur les motifs de ces guerres éternelles et d'extermination, où, comme dans un gouffre, la folle ambition d'un despote précipitait toutes les nations? Avez-vous sondé la profondeur des plaies que ces guerres causaient à l'humanité?.......

Forcé d'abandonner des détails qui ne peuvent entrer dans le cadre étroit que je me suis prescrit et qui n'appartiennent qu'à la sévérité de l'histoire, je dois me borner ici à ne tracer qu'une esquisse large et rapide des évènemens. Elle suffira pour vous apprendre à ne juger du despotisme que par ses produits réels, et non par la fausse gloire dont votre héros l'a environné. Commençons par en connaître sommairement la cause, nous en trouverons facilement les effets autour de nous.

Le despotisme est la conséquence ordinaire de cette instabilité particulière aux états qui n'ont pour base que des principes incohérens, embrouillés, incertains, que chacun peut expliquer suivant ses passions et ses préjugés. L'ANARCHIE appelle la servitude et l'oppression. Sur le fronton de l'antre affreux où elle réside, sont gravés ces mots qu'elle adresse à tous les ambitieux : *Audeat et poterit*..... BUONAPARTE *osa*. Il *put* tout ce qu'il *osa* : il *osa tout*...... excepté de ramener au bonheur un peuple que la lassitude de ses excès fît seule plier sous son étrange domination.

Suivons-le rapidement dans quelques-uns des détours obscurs de son astucieuse politique.

FRANÇAIS ! vous qui vous élançâtes par la pensée sur les rivages de Provence, et qui, dans votre délire, vous imaginâtes voir dans *BUONAPARTE l'homme de la providence*, échappé par un miracle au double danger des mers orageuses et de la poursuite des vaisseaux de la fière Albion : vous qui, pour mieux exprimer votre allégresse, trouviez à peine dans l'antiquité la plus reculée, des noms consacrés par de grands bienfaits pour le qualifier........ RÉPUBLICAINS ! le voilà CE TRIBUN DU PEUPLE qui vient contre-balancer l'autorité de cette foule de législateurs souverains qui, ignorant même ce premier principe *que les lois doivent s'adapter au génie et aux mœurs des nations*, ne dictent orgueilleusement à la France que les arrêts de leurs intérêts personnels, de leurs habitudes et de leurs préjugés. CE TRIBUN DU PEUPLE qui vient anéantir la puissance arbitraire de ces *quinquévirs*, dont les caprices, le luxe et la débauche insultent à vos idées *spartiates* et renversent le plan de vos *sublimes* conceptions. Ce HÉROS de la liberté qui fera des ROIS et *dédaignera de l'être*. Royalistes, et vous Chrétiens fidèles ! il approche ce MOÏSE SAUVÉ DES EAUX pour être votre libérateur. Ce CYRUS qui doit rétablir le culte du vrai Dieu et le trône de David son serviteur..... insensés, arrêtez ! soulevez ces lauriers qui vous dérobent l'homme ! sur son front sont écrits en lettres de sang : TOULON, PARIS, JAFFA. Le vaisseau qui le ramène ne vous apporte, A TOUS, que d'horribles chaînes. Déjà son cœur, rongé de l'ambition la plus audacieuse et la plus criminelle, a oublié que c'est à son Roi qu'il promît, sur les bords sacrés du Jourdain, de dévouer son épée et sa vie. Déjà il a trompé la loyauté anglaise qui l'a convoyé jusqu'au port de Fréjus. Déjà ses yeux, avides du pouvoir absolu, ont mesuré et franchi la distance qui le sépare du trône de son maître.

PREMIER CONSUL, c'est dans le sang des *Aréna* que, par une de ces conspirations créées par son infernal génie pour faire naître les évènemens qu'il médite, il étouffe la république. CONSUL A VIE, c'est par l'échafaud qu'il élève aux *Georges Cadoudal* et par le fatal cordon qui fait passer le courageux *Pichegru* du sommeil à la mort....... ; c'est par l'ostracisme du brave général *Moreau ;* c'est par l'assassinat de *ce jeune et infortuné prince*, digne héritier du nom et des vertus du GRAND CONDÉ, qu'il force les espérances les plus douces à rétrograder vers le cœur fidèle qui les avait conçues et qu'il annonce à l'univers SON RÈGNE ÉPOUVANTABLE.

Nation toujours légère et irréfléchie, tant de crimes ne peuvent te réveiller sur le bord de l'abyme! va, remplis ta bien cruelle destinée : elle est le juste châtiment que le ciel réserve aux régicides. Toi qui fis périr le meilleur des rois, courbe maintenant ta tête avilie sous le joug d'un tyran dont l'étoile sanglante fera pâlir celles des tyrans les plus farouches! tu l'as dit, il est vraiment *l'homme de la providence*, mais pour toi, comme le fut *l'Ange Exterminateur des enfans de la superbe Egypte*. Buonaparte est nommé Empereur des Français.

L'Etranger est assis sur le trône des lis, et déjà, comme tous les usurpateurs, la crainte et les défiances l'assiègent de toutes parts : lui-même, étonné de son vol audacieux, frémit et se trouble. A ses pieds est un gouffre incommensurable dans ses profondeurs. Autour de lui son esprit inquiet n'aperçoit que des Polémarques (1) envieux de sa puissance; qu'un peuple devenu remuant et agité, que les excès même de sa liberté ont rendu plus ombrageux et plus impatient de servitude; qu'une nation qui osa soumettre son sceptre à des lois, et il ne veut que des esclaves soumis à ses volontés. Au dehors, il contemple

(1) Titre qu'on donnait, chez les Grecs, aux généraux commandans les armées.

d'un œil sombre et incertain cette grande famille des Monarques de l'Europe, dans la stupeur de voir un sujet audacieux, *encore tout dégoutant d'un sang royal*, s'emparer d'un trône qui n'est pas vacant, et que la saine politique repousse de leurs augustes rangs. De tous côtés il ne voit, il ne rêve que dangers; cependant IL VEUT RÉGNER.......... *il règnera par la terreur.*

Toutes les furies de l'enfer sont aussitôt évoquées à ses conseils, et à l'aide de leurs torches ardentes, il pénètre dans l'abyme de ses ténébreuses pensées. L'orgueil l'environne de ses illusions; l'ambition retrempe son ame de fer; la vengeance l'arme de son poignard; l'envie lui inspire ses noires et cruelles méditations; la duplicité lui prête son langage oblique; le mensonge, son audace; la cupidité, son code fiscal; et l'impiété, ses ruses philosophiques. Un arrêt de mort est porté contre le genre humain.

Tenir sans cesse en haleine, par un systême de guerre perpétuelle, ce peuple dont il craint le réveil et la réflexion; moissonner périodiquement une jeunesse pour laquelle il redoute l'influence des souvenirs et des regrets paternels ; forcer l'exécution de ses lois homicides par des châtimens contraires aux droits naturels et politiques, en même tems qu'il la stimulera insidieusement par l'attrait des honneurs et des récompenses ; disputer, en un mot, à la nature sa vigilance à produire par son activité à détruire : et tout à-la-fois, faire servir le courage national à abaisser ces rois à la majesté desquels il ne saurait s'élever ; à asservir la politique des gouvernemens à ses caprices ou à les anéantir ; tel est le fond du plan que lui trace son machiavélique génie.

Les lois fondamentales del'état le gêneront ? il les déchirera. Il fera pénétrer dans leur sanctuaire la corruption ou la terreur des baïonnettes. On murmurera ? il proscrira. Comme la tête de la Gorgonne, il pétrifiera l'homme jusqu'à la pensée....... Il tarira toutes les veines de la patrie ; le commerce, l'industrie, l'agriculture seront anéantis ; mais il saura détourner l'attention publique de la misère générale, en l'éblouissant par l'éclat d'une fausse grandeur ; et tandis que l'enthousiasme des victoires lui préparera de nouvelles victimes et facilitera ses exactions arbitraires, les lettres, les sciences et les arts, asservis, se disputeront la honteuse gloire d'*anoblir* ses forfaits, en lui donnant tous les traits du grand homme, du véritable héros. Des pompes militaires et fréquentes amuseront ce peuple enfant, tout en secondant la pente qu'il veut exclusivement lui faire prendre. Il connaît la puissance active de la morale religieuse sur l'esprit des peuples, il en fera jouer habilement les ressorts pour les séduire. On le verra, dans l'appareil fastueux d'un conquérant, aller HUMBLEMENT rendre de solennelles actions de grâces *à ce dieu des armées*, que son aveugle fatalisme dépouille secrétement de tout pouvoir modérateur; se faire déclarer le *protecteur* de son culte, le *restaurateur* de ses autels, alors même que, NOUVEAU JULIEN, il suscitera à son église un genre de persécution inconnu depuis cet Empereur apostat. Malheureux Français! il ne manquera plus à votre dégradation morale, pour être complète, que d'appeler le GRAND SIÈCLE celui qui ne sera illustré que par de grands crimes, vos misères et vos bassesses. Elle le sera.

Mais déjà ce sinistre avenir a subi l'épreuve du tems; il n'est plus un problême pour vous, et vous tenez dans vos mains le premier et le dernier anneau de la longue chaîne de vos malheurs, sous le cruel despotisme de BUONAPARTE.

Que d'attentats à la liberté publique, à la sûreté individuelle, aux propriétés! que de violations de la foi sainte des traités, de perfidies dans leur exécution, d'astuces dans les motifs de leur rupture! que de jactances orgueilleuses! que d'outrages à la dignité des souverains, au caractère des nations! que de royaumes ravagés, pillés, incendiés! que de peuples égorgés........ pour de vils intérêts de famille, étrangers, contraires à ceux de la patrie, pour satisfaire à la stupide vanité d'un orgueilleux despote!

Archives publiques, déroulez aux regards de cette jeunesse, qu'un éclat mensonger attache peut-être encore au règne du tyran, les monumens flétrissans de notre servitude et de nos misères! Prisons d'état dont la vue annonce de toutes parts la terre de l'esclavage et attriste l'ame du philantrope éclairé, ouvrez vos humides cachots, découvrez vos profondeurs infectes et vomissez à nos yeux les ossemens desséchés de tant de généreux citoyens, de tant de guerriers illustres, de tant de courageux martyrs de la foi de nos pères, qui, tout-à-coup, disparurent du sein de nos cités et furent à jamais ensevelis dans vos entrailles obscures par l'ombrageuse et vindicative tyrannie ! rendez à la lumière et à la liberté ces spectres animés qui semblent n'avoir survécu au despotisme que pour attester ses fureurs ! Fleuves du Continent européen, si souvent rougis du sang de nos frères, de nos fils, de nos amis, de nos concitoyens, dites-nous combien de fois vos flots épouvantés ont reculé devant les masses de ces tristes victimes des délires de l'ambition la plus effrénée ! Et vous paisibles contrées de la Nouvelle-Angleterre, du Paraguay, du Mexique, fallait-il que les vastes mers qui nous séparent n'ayent pû même opposer une barrière insurmontable aux effets de la noire politique du despote qui pesait sur l'Europe, et que vous aussi soyez devenus le théâtre de ses sanglantes méditations !

Jeunes gens à qui je m'adresse ici d'une manière plus spéciale ! encore dans cet âge où les erreurs du jugement sont plutôt celles d'une imagination ardente qui s'abandonne facilement à ce qui la frappe et la séduit, que l'effet d'un esprit systématique et paradoxal, je vois l'étonnement où vous jette le nouveau jour qui vous détrompe des illusions du règne pompeux et bruyant de *votre héros*. Cependant je n'ai fait que soulever tant soit peu ces lauriers sous lesquels s'était dérobé le hideux despotisme qui bientôt vous eût Tous dévoré.

Maintenant, je vous le demande, quelques drames sublimes, quelques poésies trop souvent avilies par l'adulation, quelques peintures où l'on admire, il est vrai, le talent de l'artiste, mais dont la sévère impartialité de l'histoire rejettera les traits mensongers, quelques monumens qui étonneraient par la beauté de leurs plans et la hardiesse des conceptions, s'ils n'attestaient par eux-mêmes l'arbitraire des moyens odieux de leur exécution, auront-ils le droit de vous éblouir au point de ne pas vous faire gémir de tant de maux qui accablent votre infortunée patrie ? de tant de proscriptions arbitraires ? de tant de rapines illégales qui pressuraient la pauvreté même ? pourront-ils détourner encore vos regards de ces plaies cruelles causées à l'humanité par des guerres éternelles, aussi injustes dans leurs motifs qu'onéreuses à l'état dans leurs inutiles résultats ? non ; au travers de ces monumens des sciences et des arts, et des trophées de la victoire, vous ne verrez plus qu'un artificieux despote qui amusait le goût national pour mieux enchaîner la liberté civile ; qu'un conquérant farouche qui voulait ensevelir dans la tombe des générations contemporaines l'histoire de ses crimes, pour ne laisser passer à celles encore au berceau que les traits sous lesquels l'ont représenté des muses vénales.

Jeunesse échappée, par un coup inespéré de la Providence, au fer meurtrier qui devait te moissonner toute entière dans ta fleur ! doux et unique espoir de la patrie ! toi qui dois la consoler de ses longues douleurs et la relever de ses ruines, quelles sont grandes les destinées qui t'attendent ! Courbés prématurément vers la terre par les coups d'une extravagante démagogie et par ceux du despotisme féroce qui lui succéda, tes pères ne peuvent plus qu'asseoir la base sur laquelle doit se réédifier l'ordre social. C'est à toi qu'il est réservé de consolider les matériaux de ce vaste et bel édifice par le ciment durable des mœurs, sans lesquelles il n'y aura jamais rien de stable dans les institutions humaines (1). C'est à toi de serrer la politique de tous les liens de la nature et de la religion. Apprends qu'il n'y a point de vertu, quelqu'obscure qu'elle soit, qui ne soit utile et nécessaire au bonheur de la société. Les mœurs publiques dérivent des vertus domestiques. Le respect pour la religion, la piété filiale, l'amour de la famille, la bienveillance dans les relations sociales, la droiture et l'équité dans les transactions de la vie privée, peuvent seuls préparer au souverain et à la patrie, des sujets fidèles, des serviteurs intègres et affectionnés, des citoyens sublimes au temple, au barreau, au sénat, aux armées.

Soldats ! en le devenant avez-vous perdu de vue le toit paternel, brisé tous les liens de la nature ? en le devenant avez-vous cessé d'avoir une patrie ?....... est-ce la protéger et la servir que de vouloir plus long-tems verser son sang pour celui qui fut son oppresseur ? ne tiendriez-vous à elle que comme ces lières

(1) Plus ibi boni mores valent quam alibi bonæ leges, dit Tacite, en parlant des anciens Gaulois.

qui étouffent l'arbre qui leur fournit les sucs nourriciers? si vous êtes les bras qui doivent la défendre, n'est-elle pas le cœur d'où partent pour vous la force et la vie? soumis à une obéissance passive, pouvez-vous délibérer sur ce qu'elle vous commande? le droit de cité est-il au camp?

Quel serait donc ce fanatisme aveugle qui vous enchaînerait à la fortune d'un homme qui ne vous considérait que comme les automates serviles de ses fougueuses passions? d'un homme qui ne regardait votre vie que comme sa propriété personnelle, et la jetait sans cesse dans la balance de ses caprices? d'un homme, enfin, qui, ne cessant d'abuser de la valeur nationale en ne la faisant servir qu'aux succès de ses redoutables projets, se couvrait adroitement de votre gloire et se l'appropriait, en même tems que, à votre insçu, il vous associait à ses forfaits politiques aux yeux de l'univers?

Guerriers français, si justes appréciateurs du véritable honneur, le vôtre fut constamment trompé dans son but par une dialectique astucieuse. Maintenant que, réduite au silence, elle ne séduit plus votre loyale bravoure, la patrie en deuil va faire entendre sa touchante voix à vos cœurs généreux. Elle vous le demande : devait-elle aux vues de l'ambitieuse et cruelle politique de Buonaparte, tout son sang, tous ses trésors, le sacrifice de toute sa gloire, de toute sa prospérité ? ses enfans, désormais, ne devaient-ils plus naître, vivre, mourir, que pour l'agrandissement de la puissance et de la fortune d'une famille obscure qui n'avait pas même pour elle l'illustration d'une seule vertu publique ? devaient-ils s'ensevelir sous les débris du Continent pour en assurer la possession aux *Joseph*, aux *Jérôme*, aux *Louis*, aux *Annunciade*, aux *Elisa*, aux *Pauline Buonaparte*, et la domination suprême aux Napoléon ?

De toutes parts l'Europe est hérissée de trônes nouveaux qui, semblables à ces rochers volcanique tout-à-coup élancés du sein des mers agitées, répandent au loin la stupeur et l'effroi. Fondés par la perfidie et par le sang, c'est par le sang et la perfidie que Buonaparte les soutiendra. Soumis à son sceptre, c'est par eux qu'il dictera ses lois tyranniques à tous les peuples.

Déjà le Piémont, l'Italie, la Hollande,

semblent n'avoir été les conquêtes de la valeur française que pour devenir le patrimoine de l'avide usurpateur, lorsqu'ils ne devaient servir que de gages et de compensations à la paix. Parme et Plaisance subissent son joug par la mort *violente* de leur dernier duc. L'Etrurie lui appartient par un traité dont il se joue, et la *corse Elisa* règne........ sur la patrie des Médicis. La couronne des FERDINAND ET ISABELLE, devenue sa tributaire par la ruse, devient sa propriété par la *déloyauté la plus insigne*. Charles va traîner sa pénible existence sur les bords du Tibre, et son fils expie dans les fers le *pouvoir de la résistance*. Gênes et Venise sont soumises à la couronne de fer des anciens Lombards qu'il a mise sur sa tête. Berg et Clèves ont un duc, et Naples un roi de sa famille. Le royaume de Westphalie s'élève sur les ruines des états de divers princes de l'Allemagne, et reconnaît le despote sous les traits de *Jérôme*. La confédération du Rhin, la république Helvétique, lui prêtent foi et hommage pour la suzeraineté qu'il a usurpée sur elles. La Prusse est deux fois ravagée pour avoir repoussé son odieux PROTECTORAT ; elle n'est sauvée momentanément des fureurs de cet ATTILA, que pour se voir méthodiquement ruinée de nouveau par sa *funeste alliance*. La Pologne conquise attend un maître; elle est mise *en dépôt* entre les mains de l'électeur de Saxe, qui paye l'honneur *d'être ROI de la façon de Buonaparte*, par les charges ruineuses d'une dangereuse hospitalité, et bientôt après, par la perte de ses états.

Soldats! partout et toujours votre sang a coulé à grands flots et s'est mêlé à celui des peuples que la sourde politique du tyran soulevait contre nous. Où donc, jusqu'à présent, est l'intérêt de la patrie? lequel avait-elle d'étendre sa domination sur des nations indépendantes de sa puissance? lequel avait-elle de voir régner sur elles cette nombreuse famille *d'insulaires* qui, naguères, lui était inconnue, et que Buonaparte ne plaçait sur des trônes que pour en faire les jouets de son ambition et les dépositaires de son pouvoir? lequel n'avait-elle pas de se tenir sagement renfermée dans ses limites légitimes? Combien de peuples après avoir fait *un grand bruit* sur la terre et disparu, nous ont crié de dessous leurs ruines, que la vaste étendue des provinces, le faste et l'orgueil du despotisme, hâtent la décadence des empires! Mais poursuivons encore BUONAPARTE dans quelques-uns des traits les plus marquans de ses audacieuses et criminelles folies.

Ici, Histrion politique, il veut jouer LE JUPITER TONNANT DU HAUT DU CAPITOLE et faire PEUR à l'univers de la résurrection du colosse romain. Un vieillard vénérable, qui n'a pour se défendre qu'une douceur évangélique, l'arrête et le fait lui-même trembler devant sa puissance morale. Pour la première fois, son audace, rendue timide et craintive, appelle la nuit à l'aide d'un forfait; comme si la nuit pouvait le dérober à sa conscience! Le Souverain du monde chrétien, celui qui, par la nature de son éminente dignité, appartient à tous les peuples de la terre qui reconnaissent la loi du Christ, celui qui est sous la sauvegarde de tous les Potentats de l'Europe, est *furtivement* arraché du siége de PIERRE, et la ville sainte ne revoit le jour que pour apprendre ses malheurs et gémir sur son triste veuvage....... Mais en vain, NOUVEAU GALÈRE, tes aigles triomphent par la perfidie et planent orgueilleusement sur les tours de la pieuse Rome ! déjà *la croix* de CONSTANTIN les voit fuir épouvantées, et les tribulations pour lesquelles Dieu se sert de ton bras impie pour éprouver son Eglise, ne serviront qu'à nous assurer de plus en plus de *l'infaillibilité* de sa parole sur la *perpétuité* qu'il lui a promise, et à rattacher à son unité, par l'admiration des vertus de son chef, les membres que l'erreur en a séparés.

SOLDATS ! le tyran n'avilissait-il pas votre noble caractère, en vous armant contre la faiblesse la plus auguste ? en vous rendant les satellites de ces persécutions qui nous reportent aux siècles affreux des Néron ? cette expédition, ou plutôt cette machination ourdie dans l'ombre par l'orgueil du despote, ne fut pas sanglante, il est vrai, mais la honte et l'infamie des moyens d'exécution, en marqueront-ils moins cette époque de l'histoire nationale ? Quel intérêt, encore ici, pouvait avoir la France à posséder une ville située *à trois cents lieues* de son territoire ? TARQUIN voulait que son fils fût ROI DE ROME !!

Là, pour légitimer et consolider son horrible puissance sur le trône des lis, il imagine de lui donner LA MAJESTÉ QUI LUI MANQUE et de faire couler *le sang des rois* dans les veines de sa postérité. Ingrat, il répudie l'épouse à qui il devait tout, même *notre longue patience*, parce que le ciel, *pour notre bonheur*, avait tari sa fécondité. Il en cherche une dans le palais des Czars. Le désir de la vengeance a presque dévancé le noble refus qu'il éprouve et ne fait que s'irriter de la nécessité de la différer. Il frappe à la porte des Césars : même refus ; vengeance plus prompte et plus facile par la proximité des lieux. Sous des prétextes mensongers dont il voile ses ressentimens personnels, il établit la funeste nécessité d'une nouvelle guerre contre l'Autriche. La nation s'arme ; elle se précipite aux champs de Wagram, et c'est par le fer et le feu qn'il force toutes les répugnances de la nature et de l'amour-propre, à plier, enfin, sous les devoirs du souverain.

Soldats ! Ce fut au prix de cent mille braves que Buonaparte satisfit son orgueilleux délire. Envain il voulut le couvrir de la grande raison d'état, qu'il *importait au repos de la France* de perpétuer sa descendance en ligne directe; envain de vils adulateurs à gages préconisèrent une mesure qui devait perpétuer LA RACE DES HÉROS dans la postérité du GRAND NAPOLÉON ; n'avait-il donc pas autour de lui de jeunes héritiers de sa *triste gloire*, appelés par ses lois mêmes à lui succéder ? ne pouvait-il les façonner au moule de sa tyrannie ? fallait-il lui acheter si chèrement l'espérance d'une paternité qui pouvait ne pas se réaliser ? deviez-vous être les martyrs d'une politique aussi *inutile* aux intérêts de la patrie ?

Et toi, jeune et illustre victime, dévouée au salut des tiens ! ce fut sur des monceaux de cadavres, et par une route arrosée de sang, que ce *corse farouche* traça à tes grâces et à ton amabilité, le chemin de ses sombres Palais. Ah ! s'il eut été possible d'éteindre notre amour pour nos Rois, et d'accoutumer des français à la servitude et à l'oppression, c'est à toi qu'eut été réservé un pareil prodige ! En interposant tes vertus entr'eux et lui, le tyran en aurait-il eu la pensée ? . . . Mais, en les faisant servir de contre-poids aux crimes jusqu'à l'accomplissement de ses desseins, le ciel ne voulut pas que le méchant assît sur elles son triomphe. Auguste fille des Césars ! que cette idée, que tu fus pour un grand peuple, l'aurore de la miséricorde éternelle, et comme la messagère céleste du beau jour qui se lève sur la France, vienne du moins adoucir ce que les décrets divins paraissent avoir de trop rigoureux pour toi. La religion t'apprendra le secret des véritables consolations au milieu des vicissitudes des grandeurs humaines, comme nos vœux pour ta félicité t'instruiront de notre reconnaissance.

Parvenu du sein de l'obscurité au plus haut dégré de puissance, Buonaparte laisssera-t-il enfin respirer les Nations? imposera-t-il à son ambition les limites de son trop vaste empire? cherchera-t-il à assurer à sa postérité le premier Trône de l'Europe, en se renfermant dans les principes d'une saine politique? fera-t-il oublier à la France la tyrannie d'Octave par le règne d'Auguste? Non. Encore du sang, toujours du sang, tant qu'il n'aura pas acquis la domination universelle. Encore du sang, toujours du sang, ... pour des chimères.

Pour la fastueuse et vindicative satisfaction d'être cité dans l'histoire, pour avoir daté quelques misérables décrets du Palais des Czars, et avoir soumis aux prétentions de son absurde politique, un Monarque qui *ose* s'en croire indépendant, il entraîne aveuglément et sans aucune prévoyance, toutes les troupes de la France et de la Germanie sous les frimats de la Moscovie. Là, il les livre à tous les fléaux destructeurs, et, dans son indolente insensibilité, il les abandonne ensuite, pour fuir vers des climats moins inhospitaliers. Huit cent mille hommes étaient partis sous ses drapeaux; il rentre SEUL dans sa Capitale.

Lâches dépositaires de nos droits ! Sénateurs stupides ou vendus à Tibère! préparez-lui de nouvelles victimes, lorsque l'humanité en deuil vous crie VENGEANCE !.... Pour retenir dans vos mains parricides cette ombre de pouvoir qui vous échapperait avec son règne affreux, arrachez à la patrie le dernier souffle de vie qui lui reste ! Encensez votre monstrueuse idole; assoupissez, par vos basses flatteries, les remords peut-être naissans de cette ame criminelle ! Proscrivez de votre sein les ARUNTIUS et les SCAURUS (1), dont la mâle éloquence vous reproche votre asservissement. Le mépris que vous porte le tyran lui-même vous

(1) Sénateurs romains sous Tibère, plus illustres encore par leur fermeté à résister à la tyrannie que par leur naissance.

assignerait le rang que vous occuperez dans nos annales, si déjà l'indignation de tous les hommes généreux ne vous l'avait marquée! Mais ... les VERTUS d'un Roi l'avaient conduit à l'échafaud; il fallait bien que le CRIME fut sur le TRÔNE.

Soldats! tandis qu'aux climats de la froide Sarmatie, la mort déploie contre vos impuissantes phalanges ses redoutables auxiliaires, les rigueurs de la saison, les horreurs de la faim, les fureurs de la guerre, et que, de toutes parts, elle moisonne vos rangs, quel ange de paix et de vie vole à votre secours, et arrête les coups de sa faulx homicide? D'où tombent ces larmes qui soulagent vos blessures? d'où viennent ces largesses qui font disparaître vos détresses et circuler l'abondance parmi des captifs? O MON ROI! O VERTUEUSE ET DIGNE FILLE DU BON LOUIS XVI! Noble et magnanime famille que nos erreurs tiennent depuis si long-tems exilée sur une terre étrangère, si la gloire de la France vous avait long-tems consolée de son ingratitude, combien, malheureuse, elle vous devient chère! Vous apprenez ses désastres, et aussitôt votre céleste pitié s'empresse d'ouvrir à ses enfans abandonnés sur des plages lointaines, les trésors de la libérale Angleterre ; elle sollicite la clémence du vainqueur, et ALEXANDRE ne voit plus dans les victimes de ce nouveau délire de l'orgueil et de l'ambition, que les SOLDATS de LOUIS. Il jure, par les malheurs de tant de braves, de délivrer enfin l'humanité de son plus terrible fléau.

Soldats!.... pour aimer LOUIS, contemplez la grandeur de son ame. Tant que la France égarée crut pouvoir être heureuse sans lui, il s'enveloppa de l'obscurité la plus profonde. Elle tombe dans les grandes infortunes, il lui tend ses bras paternels; il n'aspire qu'à cicatriser ses plaies, qu'à la sauver du naufrage. Pour détester le tyran, voyez, au travers des espaces, ces *dunes glacées* qui s'élèvent et couvrent les champs du Sarmate. Ce sont les restes invengés de trois cent mille jeunes français morts sans gloire, uniquement pour satisfaire à sa méprisable vanité. Entendez les accens plaintifs de leurs mourantes voix. Tous, ils l'accusent; tous, ils le maudissent et appellent les vengeances du Ciel sur sa tête coupable; tous, ils vous crient : *Insensés qui lui obéissez*, MALHEUR, MALHEUR *à vous!*

Et déjà, *malheur à vous*. La trompette fatale a sonné de nouveaux combats aux rives de la Sprée, de l'Elbe et du Pleiss. Les nombreux agens du despote, vils courtisans à qui la cupidité, *pour la plupart* (1), n'inspire qu'une seule crainte, celle de déplaire à leur maître, semblent rivaliser entr'eux, de fureur à lui fournir le plus gros tribut de victimes; et s'ils trompent son attente, c'est en allant AU-DELA de ses volontés, en surpassant ses espérances. Ni les malédictions des pères, ni les larmes si touchantes des mères, ni la désolation des épouses, ni les besoins de l'agriculture, ni l'épuisement de la France, ne peuvent arrêter, ou seulement modérer les efforts de l'arbitraire. On dirait que l'ame de fer du chef est passée toute entière, et plus dure encore, s'il est possible de l'imaginer, dans chacun de ses Satrapes (2). A leur infatigable activité, on croirait à l'existence d'un

(1) Il n'y a pas d'assertion si générale qui n'ait ses exceptions. Je serais heureux de les citer ici; mais mon silence deviendrait un trait personnel contre ceux que je n'y comprendrais pas, et Dieu me garde de rien dire qui puisse irriter les passions lorsqu'il ne faut que les calmer. La conscience de celui qui a fait le bien, doit lui suffire.

(2) Gouverneurs de Provinces.

marché secret où les têtes sont mises à prix. Grâces à leur servile dévoûment, BUONAPARTE reparaît encore une fois aux champs des carnages, trainant à sa suite les *derniers enfans* de la patrie.

Mais les Nations ont frémi. Elles s'ébranlent, elles s'avancent. PHILOPÉMEN est à la tête de la *ligue Achéenne*. La victoire, lassée du long abus de ses faveurs, cède à la voix suppliante de *l'humanité*, qui l'appelle et la fixe au camp d'ALEXANDRE.

Je laisse à la muse de l'éloquence et de l'histoire, de décrire la guerre et ses fureurs; de chanter les héros et leur gloire; de dire comment aux plaines de la Lusace, avec une armée de soldats à peine sortis de l'adolescence, sans instruction, sans connaissance de la discipline militaire, inconnus à des chefs inconnus, le génie de nos illustres guerriers parvint à suppléer à tout par des mouvemens audacieux et rapides, qui annonçaient du moins le courage de leurs phalanges; par des marches savantes, qui déconcertaient les mesures les mieux prises; par la prudence des combinaisons, qui ménageait les forces. Elle nous apprendra qu'il ne tint pas à eux de balancer encore la fortune des armes, si BUONAPARTE n'eût sans cesse paralysé des moyens de succès *qu'il n'avait pas lui-même conçu;* si la basse envie qui rongeait son cœur n'eut pas tendu des embûches perfides à ses propres généraux. Pour moi, fatigué de ma course dans une route semée de crimes et de folies, je me hâte d'arriver dans la MISNIE, et de raconter la dernière trahison du despote de la France contre les soldats français.

La bataille était perdue. Les Poniatowski, les Lauriston, ramenaient leurs corps d'armée en-deça du Pleiss, où se trouvait le quartier-général. Tout-à-coup un bruit épouvantable se fait entendre; le pont de Léipsick n'est plus; tout espoir de salut leur est ravi....

Malheureux soldats! ne cherchez point dans les rangs ennemis la main du barbare qui vous plonge dans ce nouvel abîme de misère. A la noble indignation des ALEXANDRE, des FRANÇOIS, des FRÉDÉRIC, à la fuite honteuse de BUONAPARTE, reconnaissez l'auteur de vos désastres. C'est encore au prix de cent mille braves, que celui qui ne sait pas mourir en soldat, rachète sa vie ou sa liberté. En vain pour couvrir sa turpitude, il lance un décret de mort contre ceux qui n'ont que trop fidèlement exécuté ses ordres ; c'est une atrocité de plus à ajouter à la longue liste de ses crimes.

Les succès de l'indépendance de l'Europe ont cessé d'être douteux. Les illusions sont dissipées, le cruel *Nabis* (1) reste à découvert. Loin de vous, soldats, de crier à la trahison contre les auxiliaires de la France;... ils abandonnent les étendards d'un traître, dont, comme vous, ils étaient depuis si longtems les tristes jouets. Un sentiment d'honneur national vous fit rester fidèles à vos drapeaux; mais étaient-ils tenus, eux, de se sacrifier à ce jongleur politique, qui ne dévastait l'Europe que pour s'assurer la paisible possession de la France? N'en doutez pas : s'ils furent des conspirateurs, vous le fûtes avec eux. Descendez dans le fond de vos cœurs qu'anime la loyauté ; ils cessèrent d'être pour lui, et ne furent plus, dès ce moment, que pour LA patrie. Oui, grâces éternelles soient rendues à

(1) Tyran de Sparte, le plus affreux dont l'histoire fasse mention (l'an 3798 du monde.) jusqu'à nos jours.

tous ceux qui ont conspiré au bien public, au rétablissement de l'ordre et de la justice, à la destruction de la plus insupportable tyrannie.

Les armées alliées ont passé le Rhin, franchi les Alpes, traversé les Pyrennées. La révolution est finie. Le colosse aux pieds d'argile est abattu. L'Europe est vengée. La France respire.

Soldats! vous qui fûtes proclamés, à la face de l'Univers, LES PLUS BRAVES PARMI LES BRAVES, que votre courage s'anoblisse enfin par la justice des motifs. Cessez de reconnaître pour votre chef un homme qui a *démoralisé* la vraie gloire, en ne la faisant consister qu'à ravager, à saccager des Royaumes, à ébranler des Trônes qui avaient pour eux la double sanction des temps et des peuples; qu'à renverser le droit public des Nations.

Vous aviez juré fidélité à Buonaparte? c'est une erreur. A-t-il pu se subroger à la patrie? L'armée, comme toutes les corporations de l'Etat, toujours une, toujours subsistante indépendamment des tems et des mutations individuelles, avait juré fidélité à l'auguste dynastie des Bourbons; et certes, si jamais serment dut être inviolable, c'était celui que dix siècles de bonheur, de grandeur et de prospérité, avaient consacré par l'amour et la reconnaissance. La France change la forme de son Gouvernement, et les soldats de la monarchie deviennent ceux de la République. La République succombe; ses soldats deviennent ceux de l'aristocratie directoriale, et successivement ceux d'une monarchie absolue sous BUONAPARTE. Eh quoi! toujours inséparable de la patrie, l'armée l'aura suivie *dans tous ses égaremens*, et elle hésiterait, lorsqu'après tant et de si fatales erreurs, recouvrant enfin l'usage de sa raison, elle restitue le timon de l'Etat aux descendans de ses Rois, sous lesquels elle jetait un si brillant éclat parmi les Nations? Soldats! Non, vous ne balancerez plus de vous rallier autour de ce panache de Henri IV, qu'on trouva toujours au chemin de l'honneur et de la vraie gloire; sous les drapeaux immortels des Bayard, des Turenne, des Condé, des Faber, des Villars, des de Saxe; sous les pavillons des Duquesne, des Tourville, des Jean Bart, des d'Estaing? Le dévastateur, l'assassin des Nations, le spoliateur de nos fortunes, le désolateur de nos familles, notre oppresseur, votre bourreau, ... ne suspendra plus, par sa triste influence, les sentimens généreux qui vous animent; il ne vous arrachera point à de grands exemples. Sont-ils donc des traîtres les Eugène, les Marmont, les Moncey, les Macdonald, les Soult, les Oudinot, et cette foule de vaillans capitaines dont nos fastes sont illustrés, et qui vous ont si souvent conduits à la victoire? La voix de la patrie éplorée s'est fait entendre, et Tous ont couru se ranger sous l'étendard royal. Elle leur a montré Louis, et Tous, à l'aspect de tant de vertus, ont déposé avec un respectueux empressement, leurs armes à ses pieds; Tous, ils ont juré de défendre, jusqu'au dernier soupir, un Trône auquel est attaché le bonheur de la France.

Et quelle fidélité, d'ailleurs, pourriez-vous devoir à celui qui ne la connut jamais dans ses engagemens? N'a-t-il pas trahi celle qu'il devait à son Roi, dont il fut le soldat? S'il déserta sa cause pour se ranger sous la bannière de la révolte; s'il déserta ensuite les factions pour s'elever, sur leurs ruines, à la suprême dictature; si devenu ingrat usurpateur des droits de son Souverain et de son bienfaiteur, sans cesse il fut parjure à ses sermens envers la patrie, envers vous, envers toutes les Nations; je vous le demande encore, quelle fidélité pourrait-on lui devoir?

Soldats ! de coupables efforts tendent à égarer la droiture de vos cœurs ; mais le masque dont les agitateurs se couvrent, n'est pas impénétrable.

Ici on affecte des inquiétudes sur les arrérages de votre solde ; et pour exciter vos regrets sur le Gouvernement qui vient de finir, l'on vous dit que le Gouvernement qui lui a succédé n'est pas tenu de satisfaire aux obligations que Buonaparte a contracté envers vous. On vous trompe. N'êtes-vous pas LES PREMIERS CRÉANCIERS de l'Etat ? La patrie reconnaissante a confié à LOUIS le soin d'acquitter ses dettes ; il les acquittera dès que la situation du trésor public le lui permettra. Déjà même, par les soins de sa tendre sollicitude, deux mois de l'arriéré vous ont été payés contre tout espoir, et lorsque la liquidation de toutes les autres branches de l'administration générale sont depuis long-temps et restent encore en souffrance.

Là, on cherche à détruire vos espérances d'avancement, tantôt en vous opposant l'ancienne noblesse comme *un obstacle exclusif;* tantôt en vous faisant envisager la paix COMME UNE CALAMITÉ, et un CONQUÉRANT comme le *seul Souverain* qui convienne à la France

De là, nouveaux regrets sur un règne qui n'est plus.

Encore une fois, soldats, on vous trompe! Louis a lui-même proclamé cette pensée libérale. (Eh! en a-t-il d'autres?) « *Tous les » Français sont également admissibles aux » emplois civils et militaires.* » Méritez bien du Prince et de l'État, vous parviendrez à tous les grades, et votre avancement ne sera plus le *seul résultat* des hasards meurtriers de la guerre, d'accidens qui vous soient étrangers.

La paix une CALAMITÉ!.. Faudra-t-il donc, pour quelques hommes peu satisfaits des rangs où la paix les saisit, sacrifier encore des millions de braves? Les débris des Nations doivent-ils être plus long-tems le sanglant marche-pied de leur ambition? Aveugles! ils ne voyent pas que parvenus eux-mêmes au but de leurs désirs, d'autres, à leur tour, aspireraient à s'élever sur leurs ruines par les mêmes moyens; et qu'ainsi tant de vœux, successivement aussi insensés, ne tendraient qu'à perpétuer la discorde entre les peuples! Mais la guerre n'est-elle donc qu'un jeu pour les ambitieux? est-elle l'état naturel des Nations civilisées? n'ont-elles des soldats que pour se battre et s'égorger?

Vous tous qui vous êtes laissé entraîner de bonne foi dans d'aussi étranges erreurs, craignez d'avoir cédé aux perfides suggestions d'un parti qui rêve encore l'affreuse chimère de 1793! Nul, plus que moi, ne respecte l'indépendance des opinions. Je l'ai dit, elles sont la propriété la plus sacrée. Mais elles cessent de l'être, elles deviennent criminelles, dès qu'elles franchissent les limites de la pensée, pour aller semer le désordre et porter le trouble dans le corps social.

Dépositaires de l'honneur national, il aura suffi à votre franchise de lui avoir parlé le langage de la vérité pour assurer son triomphe dans vos cœurs. La patrie a besoin de respirer et de guérir de ses cruelles blessures. Vous avez assez fait pour sa gloire; devenez les garans de sa sécurité et de son bonheur. Déposez vos trophées aux pieds de son Monarque, aux pieds d'un père qui vous porte dans son cœur, d'un père qui sera aussi avare de votre sang, que le tyran en fut follement prodigue.

Soldats! vous qu'une sage politique va retenir sous les drapeaux et appeler à remplir les grandes et importantes fonctions d'assurer l'inviolabilité du prince, de veiller au maintien de l'ordre public et de défendre l'Etat de toute aggression étrangère ; qu'une fidélité incorruptible et la discipline la plus sévère conservent au noble métier des armes son ancien lustre ; que la bravoure et la probité militaire s'embellissent par cette aimable et décente courtoisie qui caractérisaient jadis l'armée française, et dont vingt années d'une guerre anti-sociale n'ont pu qu'altérer les traits. Vos modèles sont sous vos yeux : voyez cette famille auguste qu'un peuple hospitalier restitue à notre amour comme un dépôt sacré que lui avait confié la fidélité malheureuse. Quelle fermeté ! quelle sévérité de mœurs ! et en même tems quelles grâces, quelle affabilité, quelle aménité dans les manières ! quelles idées généreuses, grandes et libérales pour le bonheur d'un peuple naturellement, lui-même, grand et libéral !

Pour vous, soldats, que la paix et la nécessité d'une sévère économie dans toutes les branches de l'administration publique, après les effroyables dissipations du règne qui vient de finir, vont rendre à la vie civile, vous attendrez dans vos rangs *l'autorisation* de retourner dans vos foyers : ELLE SEULE peut y assurer votre tranquillité. Vous, si vaillans sur le champ de bataille, si patiens dans vos travaux, dans vos souffrances, dans les privations de tous genres, vous ne flétrirez point vos lauriers, vous ne ternirez pas la qualité de braves par une lâche défection à vos drapeaux ; vous ne prématurerez point la volonté du Prince ; vous ne reparaîtrez sous le toît paternel que munis d'un *honorable congé*, qui sera toujours pour vous un titre de préférence dans la distribution des emplois auxquels vous pourrez prétendre. Alors, seulement, vous irez paisiblement renouer, dans le sein de vos familles, ces douces affections de la nature et de l'amitié que la tyrannie avait si violemment brisées ; faire renaître une joie pure et sans mélange dans le cœur des respectables auteurs de vos jours ; rappeler le sourire sur ces lèvres si long-tems comprimées par le chagrin ; soulager leur vieillesse dans leurs pénibles travaux et ne plus leur voir verser d'autres larmes que celles d'un doux attendrissement. Alors, seulement, vous pourrez vous reposer doucement et sans crainte, sous le tilleul séculaire qui ombrage l'entrée rustique de ces temples villageois où vous attendent de si touchans et si religieux souvenirs. Vous y raconterez vos courses lointaines, les mœurs et les habitudes des nations que vous avez parcourues, vos exploits, vos dangers, vos combats, toutes les calamités de la guerre; vous ferez sentir les besoins, les douceurs, les bienfaits de la paix. En vous écoutant, le vieillard, environné de ses nombreux petits-fils, les pressera tendrement contre son cœur, et la certitude de les voir désormais soustraits à l'arrêt de mort prononcé contre leur jeunesse, adoucira ses regrets *sur la génération qui disparut entr'eux et lui;* la tendre mère cessera de craindre que la marche de la nature ne soit trop rapide pour l'enfant qu'elle allaite; et la jeune fille, le front coloré par une aimable et naïve pudeur, espérera pouvoir aller un jour aux pieds des autels, jurer la foi conjugale à l'époux qui lui est destiné.

Vous leur direz : Plus de ces farouches satellites qui venaient impitoyablement ravager la chaumière du père de famille et le dépouiller de ses biens avant le terme fixé par la volonté du ciel ou par la sienne. On ne le punira plus d'une faute qui lui était étrangère, de l'insoumission d'un fils à une loi qui outrageait tous les droits naturels. On ne le punira plus pour une désertion opérée à quatre cents lieues de ses foyers, et dont il ne pouvait, par là-même, prouver la fausseté; pour une *défection* aux drapeaux, lorsque souvent c'était défection à la vie sur le champ de bataille ou *captivité*.

Vous leur direz : Plus de ces lois arbitraires qui leur enlevaient tout le fruit de leurs sueurs pour satisfaire à l'insatiable avidité d'un fisc déprédateur, et à la rigueur desquelles venaient encore ajouter la cupidité et les concussions de cette multitude d'agens organisés sous mille formes diverses; plus de pénibles incertitudes sur les résultats de leurs utiles travaux. Ils sauront qu'en payant pour les justes besoins du Gouvernement, un tribut légal, proportionnel et modéré au Prince qui les protège, leurs moissons seront à eux et ne serviront plus qu'à entretenir l'aisance au sein de leurs familles.

Respectables nourriciers de l'Etat, reprenez ces charrues que vos esprits découragés avaient fait presque abandonner à vos mains défaillantes; chantez Louis le Père de la Patrie; chantez la Paix que nous allons devoir à ses tendres soins; qu'au silence effrayant du désert, succède la joie et l'alégresse; que de toutes parts, dans nos campagnes, vos voix reconnaissantes fassent retentir l'hymne d'amour des Français ; DOMINE SALVUM FAC REGEM.

Fabricans, négocians, commerçans, gens de toutes professions, reprenez vos travaux, rentrez dans vos ateliers sous les auspices de la paix, et ne rivalisez plus avec les autres peuples que de loyauté, de probité et d'émulation dans la perfection des produits de nos manufactures. Bientôt une marine marchande, navigant paisiblement sur ces mers qui formèrent si long-tems une heureuse barrière à nos erreurs, et dont la liberté nous est enfin rendue comme le prix de notre retour aux vrais principes, ira remporter, sous d'autres hémisphères, les trophées d'une gloire plus douce, celle d'une préférence méritée dans nos transactions commerciales. Elle ira apprendre à l'univers étonné, qu'après vingt années d'égaremens politiques, la nation française a repris son brillant éclat sous l'empire des lis, et qu'elle peut le disputer et l'emporter encore sur toutes les autres nations, par sa bonne foi, son urbanité et son industrie. Célébrez donc à l'envie le retour d'un Monarque qui ramène parmi nous tous les genres de prospérité ; et que, du fond de vos cœurs, parte sans cesse ce cri de reconnaissance : DOMINE SALVUM FAC REGEM.

Artistes, littérateurs, publicites, amis de la vérité, vous ne gémirez plus en silence de la malheureuse influence d'un pouvoir arbitraire. Un gouvernement tyrannique ne forcera plus le génie à se porter sur des objets méprisables ou odieux ; il ne l'arrêtera plus dans sa course, et désormais il pourra librement fournir sa carrière. Réjouissez-vous, votre esclavage est à son terme. Louis, ami des arts et des lettres, connaît le privilège de leur indépendance. Consacrez dans vos sublimes annales, le bienfait inespéré de votre délivrance, et chantez tous : Domine salvum fac Regem.

Législateurs, vous ne serez plus les spectateurs stupéfaits des audacieuses entreprises d'un tyran sur les droits politiques de la nation; ni vous, magistrats, les organes de lois antisociales et arbitraires. Administrateurs qui, parmi les trop nombreux fauteurs du despotisme, avez brillé par cette prudence qui en amortissait les fureurs, vous n'avez plus à redouter ces coups d'autorité dont il vous ordonnait l'exécution, et qui, sans cesse, allarmait votre paternelle sollicitude. Un Monarque juste est rendu à la France, Tous exhalez votre joie dans ce chant d'amour : Domine salvum fac Regem.

Ministres d'une religion sainte, accourez entre le vestibule et l'autel rendre à l'Eternel d'éclatantes et continuelles actions de grâces ; entonnez des hymnes de joie : l'hydre d'un philosophisme impie et subversif de tous les principes sociaux, est abattu. Montez dans la chaire de vérité ; faites y retentir ces préceptes d'une morale divine qui ordonne l'oubli des injures, la *soumission* aux Princes qui gouvernent, *l'obéissance* aux lois, le *payement du tribut* à César. Que vos prières, comme un parfum d'agréable odeur, montent chaque jour au pied du trône du suprême Modérateur de l'univers, et qu'elles en obtiennent à notre Monarque chéri, la consolation des succès dans ses grandes entreprises pour le bonheur de la France, et de longs jours pour jouir de son ouvrage. Chantez à jamais au milieu d'un peuple qui vous écoute avec attendrissement et répète de cœur et d'ame avec vous : Domine salvum fac Regem.

Et vous, infortunés, dont une multitude de lois bursales avait comblé la misère en tarissant toutes les ressources de l'humanité bienfaisante, prosternez-vous devant ce Dieu qui vous ouvre de nouveau les canaux de sa miséricorde et met un terme à vos solitaires souffrances. Riches humains, ames sensibles aux maux qui accablent vos frères, remerciez ce Dieu bon qui, en vous donnant la volonté de les soulager, vous en rendra bientôt l'heureux pouvoir sous un Gouvernement modéré, sous des Princes amis des malheureux, sous la généreuse fille de celui qui fut le père des pauvres. Tous, réjouissez-vous; Tous, élevez vers le ciel des mains reconnaissantes; Tous, répétez sans cesse : DOMINE SALVUM FAC REGEM.

Français! au peuple le plus aimant il fallait un Français, un père, pour le gouverner. Réjouissons-nous, LOUIS est au milieu de nous. Déjà il a sondé la profondeur de nos plaies; empressons-nous sous la main bienfaisante qui vient les cicatriser; mais gardons-nous de penser que la cure de maux aussi grands et aussi invétérés, puisse être l'ouvrage d'un moment. Impatiens de repos et de bonheur, ne devançons point la marche des tems et abandonnons-nous avec confiance aux méditations de la sagesse qui nous dirige. Si nous voulons hâter les progrès de notre convalescence politique, commençons par oublier le passé; qu'il ne soit plus pour nous qu'un songe pénible qu'on ne se rappelle que pour mieux goûter les douceurs du réveil. A l'exemple de notre Roi et des Princes qui l'environnent, imposons silence à tous les souvenirs. Qu'à sa voix paternelle tous les fermens de discorde soient étouffés, tous les ressentimens comprimés, toutes les passions désordonnées réduites au silence. Réprimons jusqu'à l'indiscrétion du zèle qui nous aveugle. Tous ensemble, achevons cette heureuse conspiration au repos de l'Europe par celui de la France. Que la concorde et l'union la plus parfaite règnent désormais parmi les enfans de la grande famille, et que le spectacle attendrissant de cette touchante harmonie, soit pour le cœur de Louis le gage assuré de cet amour qu'il nous demande, et le prix de celui qu'il nous porte.

Guerriers, magistrats, citoyens, hommes de toutes les classes, de toutes les conditions, *de toutes les opinions*, qu'il me soit permis, en finissant, de vous faire entendre la voix du touchant et vertueux Malesherbes, de ce vieillard éloquent dont les derniers accens furent consacrés à la défense d'un Roi MARTYR.

« N'oublions jamais que le plus grand attentat contre une nation, est de semer des germes de divisions intestines dans chaque province, dans chaque ville, dans chaque corps, dans chaque famille ; et que le plus grand bienfait du Monarque, aujourd'hui si cher à son peuple, est d'avoir paru en pacificateur dans le temple de la justice ».

« Couronnons l'ouvrage qu'il a si glorieusement commencé. Achevons de confondre les auteurs des calamités publiques, en arrachant de nos cœurs tous les germes de discorde, et en faisant luire, après tant d'orages, le jour le plus pur, le plus calme, le plus serein (1). »

(1) Disc. du 21 novembre 1774.

FIN.

www.ingramcontent.com/pod-product-compliance
Lightning Source LLC
LaVergne TN
LVHW011954160826
845678LV00002B/527

* 9 7 8 2 3 2 9 6 8 5 9 4 6 *